Der Frühling ist da!

Bilder von Fritz Baumgarten

Nach langer, kalter Winternacht
ist Meister Maulwurf froh erwacht.
Schau, wie er gähnt, sich reckt und streckt!
Was hat ihn denn wohl aufgeweckt?

Die liebe Frühlingssonne lacht
und hat die Erde warm gemacht.
Der Maulwurf spürt's im dunklen Haus
und steigt aus seinem Loch heraus.

In seinem Gärtchen, hübsch und klein,
pflanzt er ein blaues Veilchen ein.
Der Igelmann, das Stacheltier,
schaut zu und spricht: „Das lob ich mir!"

Nun sind auch schon die Vögel da
vom Süden und aus Afrika.
Frau Mauseschwanz begrüßt erneut
die wohlbekannten Sängersleut.

Sie schwatzen laut und allerhand
vom Fluge über Meer und Land.
Die Hiergebliebnen hören gern,
vom Leben dort in weiter Fern.

*V*iel Streit und Ärger gibt es jetzt:
Von Spatzen ist das Haus besetzt.
Sie müssen fort – und schimpfen sehr.
Die Möbel fliegen hinterher.

Nun üben alle, Groß und Klein,
das Frühlingslied nach Noten ein.
Der Lehrer mit dem Lineal
sagt: „Schnabel auf! – Halt! – Noch einmal!"

Der Waldbarbier kürzt wunderbar
dem Igelmann das Stachelhaar,
denn bald wird große Hochzeit sein
mit einem Igelmägdelein.

Gar eifrig sitzt der Hase da.
Das Osterfest ist ziemlich nah.
Er tupft und pinselt sehr geschickt,
die Nachbarn sind davon entzückt.

Das Hasenzelt ist aufgestellt
und Eier kriegt die ganze Welt:
der Frosch, die Maus, der Vogelmatz
und dann auch du, mein kleiner Schatz!

Kuckuck ruft's aus dem Wald

1. Ku - ckuck, Ku - ckuck, ruft's aus dem Wald!

Las - set uns sin - gen, tan - zen und sprin - gen!

Früh - ling, Früh - ling, wird es nun bald!

2. Kuckuck, Kuckuck, lässt nicht sein Schrei'n:
„Komm in die Felder, Wiesen und Wälder!
Frühling, Frühling, stelle dich ein!"

3. Kuckuck, Kuckuck, trefflicher Held:
Was du gesungen, ist dir gelungen!
Winter, Winter, räumet das Feld.

Illustrationen: Fritz Baumgarten
Layout, Satz und Umschlaggestaltung:
design cat GmbH

ISBN 978-3-86472-408-4